만인시인선 · 80

모서리도 별이 되네

김영희 시집

모서리도 별이 되네

만인사

시인의 말

  내 이름 석자에 시인이란 칭호가 붙은 것이 생소하고 기쁘다. 훌륭한 가르침을 받을 수 있었고, 때가 마침 공부하기 좋은 나이였다. 시력, 청력이 예전 같지 않고 공부도, 그림도, 노래도, 운동도 심드렁해져 무얼할까 생각하다 찾아낸 것이 시조다. 그간 살아온 세월과 경험, 내가 받았던 크나큰 사랑, 무한한 자연의 감동을 글로 써보고 싶었고, 감정의 밑바닥까지 들었다 놓은 서정의 회오리로 위로와 희망을 노래해 보고 싶었다.

  새벽 글 한 줄 써놓고 혼자 만족해서 잠 못드는 시간도 행복했다. 재미와 자극, 용기와 창작의 기쁨을 알게해 준 것은 시조쓰기와 읽기였다. 그간의 써두었던 작품들을 모아 첫 시조집을 세상에 선 보인다.

  늘 격려하며 이끌어주신 이정환 선생님, 문학의 길로 안내해준 최화수 시인, 무한 신뢰와 응원으로 지켜봐 준 가족들과 좋은 인연들, 언제나 내 편인 남편께 이 책을 바칩니다.

장마비가 시원한 날
김영희

차 례

시인의 말 ─────── 5

1. 괭이걸음 가을

나만의 길 ─────── 13
또 봄이네 ─────── 14
우선멈춤 ─────── 15
모서리 ─────── 16
모으고, 불러들이고 ─────── 17
괭이걸음 가을 ─────── 18
현관 표정 ─────── 20
희망봉 돌아올 날 ─────── 21
옮긴 좌표 ─────── 22
강물·재물·시간 ─────── 23
가위질 받고 싶다 ─────── 24
뜸 ─────── 25

차 례

머물 녘 —————— 26
자매들 —————— 27
추억 ——————— 28

2. 다 그 탓

빠져들다 —————— 31
벚꽃은 지고 —————— 32
꾀 ——————— 33
서로 본다 —————— 34
자서전 —————— 35
가을이 익을 때쯤 —————— 36
곶감 —————— 37
다 그 탓 —————— 38

차 례

공갈꼭지 ──────── 39
산비둘기 곁에서 ──────── 40
가르침 ──────── 41
겨울 산 ──────── 42
보름밤 ──────── 44

3. 하늘은 말이 없고

화로 속의 별 ──────── 47
의식, 너는 ──────── 48
대화방식 ──────── 49
시선 필터 ──────── 50
엄마의 뒷모습 ──────── 52
사랑 방정식 ──────── 53
하늘은 말이 없고 ──────── 54
도시의 새벽 ──────── 56

차 례

일상의 의미 ——————— 57
방충망 세레나데 ———————58
팥죽을 쑤며 ——————— 60

4. 소묘집

소묘집 ——————— 63

5. 되감은 필름

비 그치고 ——————— 77
비 갠 날 ——————— 78
꽃마음 ——————— 79
사월 ——————— 80
되감은 필름 ——————— 81
빨간 웃음 ——————— 82
그랬으면 ——————— 83

차 례

신록 속에 ──────── 84
아픈 날의 노래 ──────── 85
길 위에서 ──────── 86
오월의 과수원 ──────── 87
사랑한다는 말 ──────── 88
풍장 ──────── 89
나아가는 길 ──────── 90
십일월의 거리 ──────── 91
불꽃 고집 ──────── 92

|해설|
웅숭깊은 존재론적 사유의 세계/이정환 ──────── 93

1
괭이걸음 가을

나만의 길

갔다가 돌아오고 왔다가 또 가보고

쉼 없이 오가나 매번 다른 걸음걸음

날마다 거듭 오가니 어느 날 길이 되네

이 길을 가는 이유 저 길로 도는 까닭

발길 좇아 오가지만 걸음마다 다른 의미

이어진 발자국 자취 남다른 내가 되네

또 봄이네

연분홍 사랑 망울 송이송이 터질 때

새하얀 꽃송이 가지마다 확 펴질 때

어린 순 막 뻗어 올라 하늘까지 웃을 때

따다다다 딱따구리 이 산 저 산 울릴 때

햇살이 정겨워 아침 기운 솟아오를 때

내 몸도 꿈틀거리네, 이래서 또 봄이네

우선멈춤

고쳐야 할 습관은 노력하면 고쳐진다
말이 너무 빠르다 엄마 꾸중 듣던 나
니 말은 진사 열두 번해도 못 알아듣겠다

내 말이 어때서 뭐가 문제 된다고
신나게 설명하다 어안이 벙벙했던
지금은 무슨 말 하다가도
단어 막혀 그냥 끙끙

모서리

모난 모서리는
바로가다 꺾이네

올곧음 서로 만나
뾰족하게 부딪치네

둥글게 그리 왔으면
다칠 일도 없는데

모롱이 모퉁이
모서리 다 모였네

괴팍하고 까다로워
엉뚱한 일 꿈꾸지만

때로는 모서리끼리
빛나는 별이 되네

모으고, 불러들이고

1
뾰족한 자석 끝은 쇳가루를 모으고

신선한 튀는 발상 뭇시선을 모으고

아슬한 피뢰침 끝은 하늘 불을 모으고

2
햇살은 가린 뒤태 그늘을 불러들이고

평화는 풀린 경계 방심을 불러들이고

먹이는 발 빠른 소문 경쟁을 불러들이고

괭이걸음 가을

열기 속 건들바람
뜻밖의 새벽 선물

다 못 익은 풋고추
끝만 조금 불콰한데

오겠지
뭐, 했던 가을
난데없이 지름길로

짜짜 타는 매미 합창
아무 데도 안 들리고

졸음 묻은 잠자리 춤
아무 데도 안 보이나

어느새

괭이걸음 가을
창문 열고 들어선다

현관 표정

딩동 들어오고
철컥 나가느라

놓아두고 벗어둔
모양새가 복잡하다

누군가
허둥댄 자취
낯선 물건 남겨진

첫 장면 멋져 보일
작품까지 걸었는데

문 열자 날아드는
아이쿠! 자반 냄새

아무렴
내 집이더라
모두 맞을 이 현관

희망봉 돌아올 날

언제쯤 돌아올까 먼 길 행차 떠난 길손
자꾸만 잔파도에 밀린다는 멀건 소식
저어도 힘껏 저어도 거친 풍랑 높은 뱃길

돛을 높이 올려라 두려움도 던져라
온몸으로 맞서는 운명의 희망봉
순풍에 돛을 올리고 귀향한단 먼 약속

옮긴 좌표

여름도 봄도 아닌 유월의 휴일 아침

늘어진 시간과 부푼 공간 지평 속

쥐었던 어제와 내일 놓아버린 지금 여기

흘러가는 기척인 듯 열려오는 여명인 듯

알듯 모를 기운 섞인 새벽 냄새 신선한데

이 좌표 옮겨진 의미 심장으로 번지네

강물·재물·시간

강물은 뭇 생명 불러들여 함께 살라

재물은 뭇 욕망 불러들여 실험하라

시간은 흘러간 세월 불러들여 돌아보라

가위질 받고 싶다

1
그늘 집 창밖에 선 키 큰 백양나무
등나무 휘휘 감아 지붕까지 올랐네

내, 너냐
네가 나더냐
가위질 받고 싶다

2
거울 앞 바짝 앉아 째려보고 괴어보고
아무래도 성에 안차 흩어보고 가려봐도

이 모습
나 아닌 것 같아
받고 싶다, 가위질

뜸

눈길 끌어 들여다봐
호감 생겨 빠져들고

자꾸 커져 가득 차고
넘치려니 열이 터져

활화산 끓어 솟으면
세상 모습 달라 보여

머물 녘

복 많은 사람은 뭘 해도 화평하다
사는 동안 운도 복도 더께더께 내려받은

몇 아름 느티 그늘 속
그 아래 살평상

별빛 보며 잠들고 마주 가꾼 얘기꽃
자국자국 오솔길 바람 안고 함께 걸은

당신 곁 내려앉은 뜰
그 자리 머물 녘

자매들

거울 속 얼핏 겹친 내 얼굴의 큰언니
어떨 땐 막내라도 나와 별로 다르잖네!
똑같은 전화 목소리에 울 엄마 니누고?

언니 동생 만난 시간 같은 추억 깔깔대고
여럿 딸 키워낸 울 엄마 속 투정
애먹고 키워줬더니 모든 딸 제 아빠 편!

추억

손때 묻고 붕대 감긴 끝자락 날아간 가위
시집가는 딸 위해 호박단 저고리 지으시던

엄마 표
바늘 당새기 속
그 가위가 그립다

2
다 그 탓

빠져들다

건반을 쓰다듬는 손가락도 흐릿한데
들리는 소리라곤 속삭이듯 사르사르
연주자 감긴 얼굴엔 깊은 몰입 한 촛점

객석엔 물 젖은 듯 가라앉은 공간너머
선율 따라 아득한 혼자만의 먼 여행
별안간 쏟아진 박수 환호찬탄 커튼콜

벚꽃은 지고

꽃 질 때 겨우 남긴 발그레한 꽃받침
그마저도 기어이 떨어뜨린 꽃샘바람

지나는
내 머리 위로
후둑후둑 흩뿌리네

갈테면 미련 없이 아주 갖고 가라고
그 자리 새잎 돋아 신록 단장하라고

분홍빛
흔적도 없이
초록 자태 나투었네

꾀

小食이 장수라며 자꾸 밥을 줄이는 너
어떻게 식사량 갖은 궁리 늘여볼까
어젯밤 읽던 책 내용 예기해 줘 졸라보고

뚱하니 내키잖던 얼굴빛도 잠시잠깐
어느새 얘기보따리 눈 맞추며 풀어놓고
저절로 오르내린 손 먹어치운 그 밥상

서로 본다

유채꽃 샛노랗게
앞 다투어 핀 개울가

재두루미 한 마리
시냇물에 발 담근 채

그 눈빛
나를 향하고
나 또한 그를 본다

네가 있어 고운 그림
정물화로 얼비치고

해물지심 없는 내 속
네가 알아차린 건지

그 자리
꼼짝 않고선
묘한 자태 서로 본다

자서전

빈손 주먹 알몸으로 엄마 품에 안겼다가
부모사랑 동아줄 힘껏 타고 올랐지

국가에
사회에 보탬
꿈도 컸던 젊은 날

가슴 아픈 실패도 나를 띄운 기쁨도
나 하나 안고 뒹군 이기적 클라이맥스

내 엮은
자서전 한 권
읽을 사람 오직 나뿐

가을이 익을 때쯤

감이 누리하게
익어 갈 때쯤에는

앞 뒷산 누릇누릇
옷차림 누르스름

가지 끝
달린 감들이
발갛게 익을 쯤엔

대지의 풀들도
벌겋게 드러눕고

이 무렵 하늘은
더 파랗게 빛나고

의식의
깊은 심연도
말갛게 갭니다

곶감

겉 다르고 속 다른 꿍꿍이 속 네 변신

시꺼먼 얼굴위에 허연 분은 또 웬일

마른 듯 꿉꿉한 거죽 다디단 속 숨긴 내공

다 그 탓

감 따먹기 좋으라고 위로 뻗은 가지 쳐서
기역자 형 감나무로 멀쩡한 걸 망친 솜씨
감마다 깍지벌레들 감 파먹기 좋구나

올봄 마당 놓아기른 토종닭 몇 마리
그놈들 덕분인지 얼굴도 고운 감들
목장갑 하나씩 끼고 곶감깎기 즐겁다

병들거나 무성할 땐 그럴 만 한 일 있어
나무도 사람도 같은 하늘, 같은 물길
우연히 뜨락 감나무 그럴 리야 있겠나

공갈꼭지

두 살 박이 아기 목에 번쩍이는 금목걸이
구부정한 백발 할배 손잡은 어린 손자
무심히 지나는 장면 마음 일어 자꾸 보고

팔순노파 주름 볼에 불그레한 연지 화장
작달막한 그 처녀 핫팬츠에 킬힐 구두
넘쳐서 모자란 듯해 혼자만의 살짝 외면

공갈꼭지 입에 문 채 아빠 품에 잠든 아기
택배박스 가득 안은 허우대 큰 배달 청년
속 울림 찡한 안쓰러움 더 나은 품 못줘서

산비둘기 곁에서

넌 내가
무섭지도 않은가 봐

오솔길 오르다가
잠시 쉬는 내 발 앞에

태연한
산비둘기 한 쌍
뭔가를 맛있게 먹네

고 작은 새 가슴
졸이지도 않은가 봐

나도 파동 내려
평온하게 바라보고

빨간 눈
내 눈 맞춰가며
이리저리 아장아장

가르침

너는 그 돈 없어도 아무 일 없지마는
그 사람은 그 돈으로 하루를 살아간다

문 안에 들어선 거지
그냥 보내지 말거라

동냥 줄 생각보다 무서움이 앞섰던
내 마음을 잡아주신 부모님의 가르침

무어든 좋은걸 주라
따슨 밥 한 술이라도

겨울 산

느즈막한 겨울 오후 적막한 겨울 산
산사도 인적 없고 풍경도 멎었는데

스스스
솔바람 혼자
막힌 속을 뚫고 간다

그 많던 사람 꽃들 휑하니 사라지고
그 곱던 현호색도 스러진 지 오래인데

야자수
멍석 깔린 길
새 봄을 기다린다

산비둘기 떼 까마귀 앉아 놀던 가지 끝엔
흰 구름 슬쩍 걸려 넘어가려 애쓰는데

아는 이

보는 이 없는
겨울 산은 무심타

보름밤

이렇게 달 밝은
보름 봄밤이면

너 혼자 거기 두고
나 잠 들 수 없어

넋 놓고
그냥 바라보다
네게로 갈 수밖에

3
하늘은 말이 없고

화로 속의 별

북두암 노스님이
별을 보고 하신 말씀

밤마다 쏟아져도
남은 별이 있다더냐

한 부삽
담아내다가
차 끓일 때 쓰겠노라!

의식, 너는

생각에 꽂히면
날아가듯 번쩍이고

번지듯 스미고
스치듯 꼬리 물고

붙잡아
들여다보면
뿌리 없는 헛뿌리

시간의 웅덩이 속
가라앉은 기억 뻘밭

마음 막대 휘저어
퇴적층 걷어내면

돌아서
상념 걷히고
말갛게 되는 너

대화방식

몸이 말을 걸 땐 슬며시 혹은 크게
저릿저릿 따끔따끔 쥐어짜듯 화들짝

그 말에
마음 기울이며
집중하려 애써요

뭘 해줄까 원하는 걸 곰곰이 물어보면
들릴 듯 말 듯 때로는 알듯 모를 듯

뭐든지
하고픈 대로
해가면서 느끼래요

시선 필터

아픈 몸을 비스듬히
침대 등에 받쳐 들고

힘없이 한두 순갈
멀건 미음 떠먹을 때

엄마의
근심어린 눈길
받아내기 부담되고

젖은 가슴으로
가만히 응시하는

아내의 고운 시선
애틋하고 미안해서

건장한 본디 내 모습
하루 빨리 찾고 싶고

사랑 담긴 두 시선도
내가 받는 느낌 따라

무거워서 벗고 싶고
포근해서 안고 싶고

지극한
깊은 사랑도
무게 색깔 다양하고

엄마의 뒷모습

뙤약볕 참깨 농사
뒤틀린 두 손 마디

오일 장 참기름
먼 산보며 흐뭇하고

안고 올
손주 생각에
헌 툇마루 걸레질

우리는 괜찮다
자식 얼굴 살피고

갓 쪄낸 햇고구마
베어 물고 서로 웃고

짐칸엔
온갖 자루들
함께 실어 보낸다

사랑 방정식

한 발 다가서면
두 발 물러서다가

마음 문 열어주자
조심스레 고개 내밀고

따뜻한 손짓 한 번에
가슴앓이 시작되고

가진 것 다 주고파
톡 털어서 덮어주고

온 세상 제 편인 양
시간을 동여매니

갇혔던 묵은 상처도
쉽게 풀린 순수해답

하늘은 말이 없고

　　　1
한 무리 사자들이
사슴 뒤를 잡아채어

한바탕 큰 먹자판
뒤끝은 산들바람

그 곁에
아무 일 없는 듯
사슴들 풀을 뜯고

　　　2
누구의 희생 위에
행복탑 세우는 일

이건 정말 아니야
절래절래 흔들어 봐도

촘촘히
얽힌 그물질서
선도 악도 아닌 무심

도시의 새벽

어젯밤의 홍분도
초조하던 쫓김도

새벽 감로 내려와
하늘 땅 진정됐나

이따금
오가는 차량
인적 뜸한 가로등

컴컴한 시멘트 벽
어둡던 창 안쪽도

하나 둘 불 켜지고
시간이 움직이면

부대낄
아침일망정
새 깃발을 내건다

일상의 의미

설거지 욕실 청소
노래하며 다 끝내고

장보기 만보 걷기
걸음 세며 오고갈 때

노을빛 빛과 그림자
황금빛깔 곱더라

낮에 나온 반달은
태양빛에 삼켜지고

마음 속 온갖 짐은
청룡 열차 끌어가나

평범 속 일상의 행복
그 이상의 비법 없네

방충망 세레나데

어둔 땅속 잠든 칠년
몸집 키워 뚫고 나와

장맛비 무른 흙
겨우 탈출 허물 쪼개

아파트
방충망 잡고
목 놓아 세레나데

시원한 그늘 속
숨어서 부를 노래

내 사랑 날 보러 와라
은밀해야 제격이나

너무나
소중한 자유

팥죽을 쑤며

북닥, 푸욱, 풀썩, 퓨우―
멋대로 끓는 죽 팥색으로 묵직한데
떠오른 흰 새알 참견 연꽃을 피운다

팥죽이 하는 말 나름 일리 있으나
말 못하고 눌어붙는 바닥 불만 저어주고
가끔은 나이 든 원로 훈수 알심 쫀득하다

제 이름 불러 맴 맴

어둠과 멍에 속박
때가 오면 벗어내고

천상으로 힘껏 올라
밤낮없이 행복 노래

칠일이
짧다 했더냐,
일생 구한 사랑과 자유

4
소묘집

소묘집

      *

한 해가 하루 만에 꼴깍 넘은 정월 초하루
내 한 살 더 먹으니 온 가족도 한 살씩 느네

온 세상 한 살씩 더 먹인

오오, 정월 초하루

      *

그 많은 좋은 인연
살아 있어 감사하지
이른 새벽 까치소리
꽃대 올린 히아신스

식탁엔
무얼 올려야
이 아침이
선물일까

*

널따란 네거리
번듯한 빌딩 한 쪽

큼지막한
벽면에 걸린 간판
동물병원

응급실 완비 현수막!
24시간 진료개시

*

깨강정 박히듯
촘촘한 풀 그린 위에

경사며 풀결이며
요모조모 살피다가

나 하나

잘 놀다 가라고
펼쳐준 듯 장면, 문득

    *

외롭던 때죽나무 검은 가지 새잎 풀고
다람쥐 돌 틈 구멍 낙엽 덮어 마알간데
바위도 깨끗이 씻고 새봄맞이 다 했다

물 한 모금 걸터앉은 길손 야윈 어깨 위로
솔잎 하나 툭 떨어져 하늘도 좀 보라하네
산벚꽃 구름 더불어 하얗게 동무했다

    *

봄비 걷힌 산속은 바람 자락 짙은 솔향

포륵포륵 작은 산새 관목 사이 찌륵찌륵

몽롱한 안개 사이로 봄꽃 얼굴 기쁘다

*

솔바람 불 때마다 송홧가루 분탕질

자욱한 노란 안개 산속을 채운다

대규모 물량공세로 솔방울 한 알 맺고

다시마도 물고기도 물 속 포자 엄청 뿌려

사람도 일억 정자 한 명 자손 만든다지

AI로 딱 좋을 수효 낭비 없게 맞춰보렴

*

도랑물로 날을 씻은
쟁기 장화 메고 신고

엉겅퀴 저문 들녘

산 그림자 내린 외길

더운 김 훅훅 뿜으며
걸음 맞춘 농부와 소

*

아슬아슬 교각 아래
둥지 튼 엄마원앙

품에 안은 다섯 알
솜털아기 태어난 날

괜찮다
퐁당 뛰어라
엄마 아빠 이중창

*

한 칸씩 가슴 뛰는

가파른
사닥다리

머리 닿는 천정 아래
구부리고 보는 들창

나 혼자
웅크린 공간
여태도 숨 쉬는 곳

*

빛바랜 그 물건
하나씩 꺼내어
그리운 편린들을
햇빛에 비춰본다
아득한 기억의 저쪽
밝아오는 들창머리

　　　　*
철커덕 어디선가 아침을 여는 소리

　　　　*

유치원
다녀와선
오줌갈겨
꽃밭인사
벗어놓은
매미허물
들여다본
동그란눈
장독대
박고뒤집힌
풍뎅이맴

이뭐꼬!

　　　　＊

복도를
스치는 기미
바쁜 걸음 인기척

　　　　＊

여기는 생로병사 소용돌이 거센 곳

인내와 보살핌 희망과 기다림

조용히 방울방울 응시 지나온 날 복기한다

　　　　＊

생바람 한 줌 없는 건물 속 침상들

건물 밖은 분홍 축제 달려가는 차량행렬

내일은 어제보다 나은 기적 같은 새날을

    *
예, 잘 잤어요
그냥 편안했어요

살포시 안아보고
토닥이며 안도한 듯

눈뜨면 안부를 묻는 봄날은 하냥 간다

    *

안녕, 괜찮은가요? 짧은 물음 깊은 눈길

조그만 기미라도
놓치지 않으려는 듯

간밤의 긴 시간 변화
새벽부터 살핀다

　　　　　*

가라앉은 생명 기운 치켜세운 초록 생기

눈떠라 일어나라 뛰어라 솟아라

　　　　　*

찬바람 등을 미는
모닥불 앞 쪼그린 채

열기 안고 멍하니
불 속을 들여다 봐

불꽃 춤
날름대는 혀
넋이라도 빼 갈 몸짓

　　　　　*

무대 터질 아이돌 춤 천정 뚫을 큰 함성도

시뻘겋게 일렁대는
너의 혀에 견줄까

불꽃 너
미친 신바람에
끌려 나간
내 혼불

      *

처음부터 달라 보여
주의 깊게 들여다 봐

무엇이 되려나 꽃 피울 날 기다려져

묵묵히
오랜 시간을
설렘과 기대 속에

*

한 꺼풀 열려지고
속꺼풀 드러날 때

보고픈 그 속이 못내 궁금해도

네 모습
고갱이까지
활짝 필 날 기다릴게

*

오롯이
내 몫으로 남은

네 몫으로 남은
저 빛

5
되감은 필름

비 그치고

비 개인 머리 위로 솔바람 스쳐가고
물소리 갇힌 계곡 어디선가 새 소리

점잖은
바위 엉덩이
가재가 간질인다

비 갠 날

밤비 그치자 떡시루를 활짝 연 듯

골마다 짙은 안개 조팝꽃 에워싸고

피라미 뛰어올라서 샛강이 번쩍인다

찰방한 논두렁에 들렌 함성 가득한데

황톳물 누벼가며 모 심는 기계 소리

올봄도 이다지 빨리 나를 안고 달린다

꽃마음

꽃술 물고 잠든 나비 놀라 깰라 감싸안고
뭉쳐 붙인 꿀벌 다리 꽃가루 통 떨어질라
조심히 잘 지고가라 당부하는 꽃마음

꽃판 작은 국화 위를 서로 다툰 벌과 나비
천천히 해 나 여기 선 채로 기다릴게
원하는 뭐라도 줄게 내일 또 와 꽃마음

사월

짓밟히고 문드러진
민들레도 꽃핀 사월

앙증맞은 작은 까치
뭘 잡는다고 강종강종

꽃 주먹
펼친 가지는
꿀벌 뭉치 되었다

겨우내 허전하던
키 큰 수수꽃다리

여봐란 듯 보라향기
하늘에서 땅 끝까지

실바람
연두실꾸리
슬슬 풀어 깔았다

되감은 필름

논두렁 등굣길
고무신짝 달라붙고

바깥마당 보리타작
눈 따가워 피해가며

이부제 수업 종소리
지각인가 내달리고

천막 기둥에 걸린
흑판은 흔들려도

침 묻히며 받아쓴
가갸거겨 태극기

봉분 위 올라선 무대
꼬마들은 자란다

빨간 웃음

손 시린 늦은 저녁
어둑한 창고 앞에

번들거린 말등 위로
포개 올린 사과궤짝

큰고개 너머 공판장
삼십리 길 청과시장

능금 따며 부르던
아가씨들 노랫소리

꼭지 손질 아낙네들
마주보던 함박웃음

밤새워 새벽 장 닿은
빨간 사과 빨간 웃음

그랬으면

연약한 생명들도
오래 살 수 있었으면

무심한 아기도
까르르 웃었으면

하찮은 작은 여유도
때때로 누렸으면

누군가 필요로 할 때
달려갈 수 있었으면

씽끗 웃고 느긋하게
바라볼 수 있었으면

나와 늘 함께한 네가
더 기쁜 날이었으면

신록 속에

녹음 짙은 봉우리
가파른 절벽 밑

오도카니 자리 잡은
고찰 뜨락 한가운데

선인장
가시투성이
화분 하나 놓여 있네

앞도 뒤도 녹즙 물결
너울대는 신록 속에

그 가시 더 예뻐서
예까지 지고 왔나

때로는
눈 끝 찌르는
가시조차 보고픈가!

아픈 날의 노래

　　1
말라서 빛을 잃고 흩어져서 나뒹굴 때
이 빠져 금 가고 뚜껑조차 안 보일 때
세상일 다 귀찮아져 눈도 뜨기 싫어질 때

　　2
원심력 너는 돌리고 구심력 너는 당겨
소용돌이 더운 품속 큰 힘으로 불러들여
마침내 블랙홀 속 깊이 한 점마저 녹인다

길 위에서

뽀송한 빨간 이마 강보에 싸인 아기
어느새 노랑 배낭 등굣길 등에 메고
웃으며 혼자만의 길 봉고차 오른다

내딛는 첫걸음은 짧아야 십팔 년
철없고 무심하고 근심 없던 시간들도
대장정 마칠 때쯤엔
더 먼 여정 또 새 출발

끝남이 곧 새 시작 길은 길로 이어지고
언덕에 잇대어서 여행길은 끝이 없고
발자국 아롱진 저쪽 앞길 또한 질편하고

오월의 과수원

올빼미 앉아 졸던 허연 외등 꼭대기쯤
사과꽃 발그스레 지천으로 구슬 맺고
물 대는 발동기 소리 피어나던 들찔레

삭정이 불 지피고 애동 낭개 중참 국시
밭고랑 끝 돼지우리 벌건 코도 벌룸벌룸
엄마 닭 병아리 불러 탱자 담장 들락날락

사랑한다는 말

사랑해요 고객님, 하는 인사 참 시시하다
사랑이란 이 어휘 아름답고 뭉클해도
툭 하면 실없는 쓰임 불쾌하고 시답잖다

아련하고 그립고 따스하고 포근해서
들을수록 기분 좋고 주고 싶고 받고 싶지만
이 단어 맥 빠진 남용 오래 아껴 두고 싶다

풍장

애잔한 피리 소리
구름 넘는 만년 설산

허공 속 무수한 점
나선 도는 거친 날개

묻지도 태우지도 못해
하늘 불러 맡긴 주검

나아가는 길

맴돌며 나아가는
소용돌이 엄청난 힘

떠밀리고 휘감겨서
헤어나기 어려워도

물살에
몸을 맡기고
뗏목 타는 단풍잎

태풍의 눈동자 속은
무풍이고 쾌청이래

두려움도 잠시 놓고
머리 들어 하늘 보면

어디메
머물 녘인가
갈 곳 아는 저 구름

십일월의 거리

나뒹구는 마른 낙엽
큰손바닥 뒤틀리고

움츠린 총총 걸음
횡단신호 재촉할 때

까마귀
검은 날개가 벌써
십이월을 싣고 난다

푸르름 한창일 땐
상상 밖의 일이지만

떨구어야 새봄 올 때
새잎난다 참아내는

헐벗은
가로수 발등 위
빛 알갱이 소복하다

불꽃 고집

윗물은 아래로 흐르는 법 알고 있고
아랫물도 위로 타고 오르는 법 아는데

불꽃 넌
그리 외롭니?
네 주위 불러들이니

너랑 함께 타 보자고 막무가내 끌어당겨
고집통 말릴 묘안은 오직 맞불놓기뿐

| 해 설 |

웅숭깊은 존재론적 사유의 세계

이정환(시인)

1.

근년에 김영희 시인을 만났다. 예정되어 있는 만남이 아니었지만 기실은 만세 전부터 준비된 일이었을 것이다. 그것을 확신한다. 만남 직후 시조 창작의 길로 접어들었다. 아주 자연스러운 일이었다. 그는 처음부터 부지런히 읽고 썼다. 거침없었다고 해도 좋겠다. 기다렸다는 듯이 작품을 연해 선보였다. 약간의 도움말로도 그의 작업 속도는 탄력을 받았다. 신비롭기까지 했다. 시조를 쓰기 위해 이 세상을 찾은 분 같았다.

시 쓰는 일이 결코 수월하지 않는데 그의 발걸음은 가벼웠다. 경쾌한 스텝으로 왈츠를 추듯 그의 언어는 연해 날아올랐다. 다양한 소재를 소화하면서 깊은 사유의 세계를 펼쳐나갔다. 그것을 지켜보는 즐거움은 컸다. 일간지 시조 모집에 당당히 입상을 하고, 시조전문 계간지 《시조미학》 신인상 당선으로 등단을 했다.

그리고 마침내 첫 시조집 『모서리도 별이 되네』를 상재하게 되었다. 경사가 아닐 수 없다. 자신의 이름으로 된 저서를 펴낸다는 것은 경이로운 일이다. 그것도 수십 편의 시조로만 구성된 시조집을 펴낸다는 것은 놀라움 그 자체다. 한 사람이 이 세상에 와서 마음 바쳐 쓴 문학 작품이 집약된 한 권의 책을 엮는 일은 실로 천지가 들렐 일이다. 그러므로 크게 축하 받을 경사다.

2.
그는 부단히 사유한다. 사물이나 세계, 혹은 자아의 미세한 흐름이나 정황을 허투루 지나치지 않는다. 성찰과 더불어 발견의 눈을 가지고 있다. 글의 꼬투리를 시조 3장의 그릇에 오롯이 담아낸다. 아울러 형식을 부릴 줄 안다. 또한 새로움을 향한 자각을 발판으로 정신의 수맥을 부지런히 찾아 나선다.

먼저 두 편을 살펴보겠다.

   1
뾰족한 자석 끝은 쇳가루를 모으고

신선한 튀는 발상 뭇시선을 모으고

아슬한 피뢰침 끝은 하늘 불을 모으고

  2
햇살은 가린 뒤태 그늘을 불러들이고

평화는 풀린 경계 방심을 불러들이고

먹이는 발 빠른 소문 경쟁을 불러들이고
—「모으고, 불러들이고」 전문

갔다가 돌아오고 왔다가 또 가보고//쉼 없이 오가나 매번 다른 걸음걸음//날마다 거듭 오가니 어느 날 길이 되네//이 길을 가는 이유 저 길로 도는 까닭//발길 좇아 오가지만 걸음마다 다른 의미//이어진 발자국 자취 남다른 내가 되네
—「나만의 길」 전문

「모으고, 불러들이고」는 제목부터 새롭다. 모으는 거나 불러들이는 것은 비슷한 뜻을 지니고 있다. 어떤 것은 모으고, 어떤 것은 불러들이면서 인생을 영위하겠다는 의지가 내포된 작품이다. "뾰족한 자석 끝은 쇳가루"를, "신선한 튀는 발상 못시선"을, "아슬한 피뢰침 끝은 하늘 불"을 모은다고 노래한다. 모으는 실례 세 가지를 통해 어떻게 모으는 지를 보여주고 있다. 둘째 수에서는

"햇살은 가린 뒤태 그늘"을, "평화는 풀린 경계 방심"을, "먹이는 발 빠른 소문 경쟁"을 불러들인다는 사실을 상기시키면서 불러들일 것과 불러들여서는 아니 되는 상황을 적시하고 있다. 이 모든 것이 인생살이에서 겪게 되는 일인지라 명심해야 할 사안이다. 시인의 예지가 빛나는 대목이다.

「나만의 길」은 고유한 자아가 어떻게 형성되는 지를 노래하고 있다. "갔다가 돌아오고 왔다가 또 가보고//쉼 없이 오가나 매번 다른 걸음걸음"이라는 대목에서 삶의 양태를 읽는다. 걸음걸음이 비슷하지만 다르다는 것을 일깨워준다. 그 길은 "날마다 거듭 오"감으로써 "어느 날 길"이 된다. 그것은 온전히 그만의 길이다. 또한 "이 길을 가는 이유 저 길로 도는 까닭"을 다 헤아리지 못한다. 여기서 문득 로버트 프로스트의 「가지 않은 길」이 떠오른다. 숲속의 두 갈래 길 앞에서 망설이다가 한 길을 선택하여 길을 가게 된 사연의 시다. 가지 않은 또 다른 한 길에 대한 아쉬움의 정서를 표출한 시편이기도 하다. 학창시절 수없이 읽고 외었다. 그만큼 절실하게 다가온 시였기 때문이다. 우리는 가지 않은, 가지 못한 많은 길에 대한 궁금증과 아쉬움을 안고 살아간다. 모든 길을 다 걸을 수는 없는 일이다. 화자는 "걸음마다 다른 의미"임을 자각하면서 "이어진 발자국 자취"로 말미암아 "남 다른 내가 되"는 것을 실감한다. 「나만의 길」은 내 느낌

내 판단의 삶을 궁구해야 함을 깨우치고 있다. 오랜 사색의 깊이에서 나온 철학적 사유를 형상화한 시편이다. 진실로 오롯한 길이다.

연분홍 사랑 망울 송이송이 터질 때/새하얀 꽃송이 가지마다 확 펴질 때//어린 순 막 뻗어 올라 하늘까지 웃을 때//따다다다 딱따구리 이 산 저 산 울릴 때//햇살이 정겨워 아침 기운 솟아오를 때/내 몸도 꿈틀거리네, 이래서 또 봄이네
　―「또 봄이네」 전문

딩동 들어오고/철컥 나가느라//놓아두고 벗어둔/모양새가 복잡하다//누군가/허둥댄 자취/낯선 물건 남겨진//첫 장면 멋져 보일/작품까지 걸었는데//문 열자 날아드는/아이쿠! 자반 냄새//아무렴/내 집이더라/모두 맞을 이 현관
　―「현관 표정」 전문

「또 봄이네」라는 제목에서 "또"는 반가움의 표시일 수도 있고 거부감의 표출일 수도 있다. 물론 여기서는 반가움이다. 이 작품은 다섯 번의 "때"를 제시한다. "연분홍 사랑 망울 송이송이 터질 때, 새하얀 꽃송이 가지마다 확 펴질 때, 어린 순 막 뻗어 올라 하늘까지 웃을 때"를 비롯하여 "따다다다 딱따구리 이산저산 울릴 때, 햇

살이 정겨워 아침 기운 솟아오를 때"까지다. 이러한 생명의 용틀임, 생명의 소생으로 말미암아 화자는 "내 몸도 꿈틀거리네"라고 감탄하면서 "이래서 또 봄"이라는 생각에 젖어들게 한다. 만물이 새로운 눈을 뜨는 계절에 어찌 나 혼자만 침잠하겠는가, 라는 반문이기도 하다.

「현관 표정」은 날마다 드나드는 "현관"에 "표정"이라는 의미를 부여하고 있어 갑자기 "현관"이 가족과 같이 느껴지게 된다. 신발이 놓이는 정겨운 공간이다. "딩동 들어오고/철컥 나가느라//놓아두고 벗어둔/모양새가 복잡"한 것을 바라보면서 생각에 잠긴다. "누군가/허둥댄 자취/낯선 물건 남겨진" 곳이어서 더욱 그렇다. 현관에선 화자는 "첫 장면 멋져 보일/작품까지 걸었는데//문 열자 날아드는/아이쿠! 자반 냄새"를 맡으면서 한순간 당황한다. 그러나 곧 "아무렴/내 집이더라"라는 정겨움을 표하면서 늘 "모두 맞을 이 현관"에 대한 깊은 애정을 드러낸다. 따뜻한 가족애가 물씬 묻어난다.

    모난 모서리는/바로가다 꺾이네//올곧음 서로 만나/뾰족하게 부딪치네//둥글게 그리 왔으면/다칠 일도 없는데//모롱이 모퉁이/모서리 다 모였네//괴팍하고 까다로워/엉뚱한 일 꿈꾸지만//때로는 모서리끼리/빛나는 별이 되네
    —「모서리」 전문

여름도 봄도 아닌 유월의 휴일 아침//늘어진 시간과 부푼 공간 지평 속//쥐었던 어제와 내일 놓아버린 지금 여기//흘러가는 기척인 듯 열려오는 여명인 듯//알듯 모를 기운 섞인 새벽 냄새 신선한데//이 좌표 옮겨진 의미 심장으로 번지네
　—「옮긴 좌표」 전문

「모서리」는 시인들이 즐겨 다루는 소재다. 세상에는 모서리가 허다하기 때문이다. 모서리로 말미암아 어려움을 겪는 이들이 적지 않을 것이다. 뾰족한 마음의 모서리에 강하게 부딪쳐서 상처 난 기억을 가진 이들도 많을 것이다. "모난 모서리는/바로가다 꺾이"는 것을 화자는 직시한다. 또한 "올곧음 서로 만나/뾰족하게 부딪치"는 상황도 살핀다. 그래서 "둥글게 그리 왔으면/다칠 일도 없"을 텐데 하는 마음을 드러낸다. 문득 "모롱이 모퉁이 모서리"를 불러 모은다. 이들은 모두 "괴팍하고 까다로워/엉뚱한 일 꿈꾸지만//때로는 모서리끼리/빛나는 별이 되"는 접점에 이르게 되는 것을 본다. 혜안의 눈이다. 부정적인 모서리 이미지를 벗는 순간이다. 「옮긴 좌표」에서 "좌표"는 사물이 처해 있는 위치나 형편을 비유적으로 이르는 말이다. 물론 기본의미는 수학에서 평면이나 공간 안에 있는 점의 위치를 나타내는 수나 수의 짝이다. 여기서는 전자로 쓰이고 있다. "여름도 봄도 아닌 유

월의 휴일 아침//늘어진 시간과 부푼 공간 지평 속//쥐었던 어제와 내일 놓아버린 지금 여기"라는 특별한 시적 정황이 제시되고 있다. 지금 여기는 쥐었던 것을 놓아버린 시공간이다. 놓친 것이 아니라 스스로 놓아버렸다는 진술을 통해 화자의 의도를 읽는다. "흘러가는 기척인 듯 열려오는 여명인 듯//알듯 모를 기운 섞인 새벽 냄새" 가신선한 것을 느끼면서 "이 좌표 옮겨진 의미"가 "심장으로 번지"는 것을 실감한다. 좌표를 옮긴 것을 마음도 허락한 것이다. 인생의 좌표가 바뀐 것은 개인사에서 볼 때 의미심장한 일이다. 새로운 전기를 마련하는 일이기 때문이다. 이러한 변화는 이전과는 판연하게 다른 또 다른 삶을 추구하게 만든다. 그것은 놀라운 일이다. 혁신의 길이기에 새로운 무장이 필요할 것이다. 그런 다음 부단한 전진으로 열망하는 일을 성취할 일이다.

유채꽃 샛노랗게/앞 다투어 핀 개울가//재두루미 한 마리/시냇물에 발 담근 채//그 눈빛/나를 향하고/나 또한 그를 본다//네가 있어 고운/정물화로 얼비치고//해물지심 없는 내 속/네가 알아차린 건지//그 자리/꼼짝 않고 선/묘한 자태 서로 본다
—「서로 본다」 전문

몸이 말을 걸 땐 슬며시 혹은 크게/저릿저릿 따끔따끔 쥐어짜듯 화들짝//그 말에/마음 기울이며/집중하려 애

써요//뭘 해줄까 원하는 걸 곰곰이 물어보면/들릴 듯 말 듯 때로는 알듯 모를 듯//뭐든지/하고픈 대로/해가면서 느끼래요
　—「대화방식」 전문

　「서로 본다」는 서로 보는 일, 서로 살피는 일의 소중함을 일깨운다. "유채꽃 샛노랗게/앞 다투어 핀 개울가//재두루미 한 마리/시냇물에 발 담근 채" 서 있는 장면에서 화자와 재두루미의 눈 마주침이 일어난다. 눈빛이 서로를 보고 있는 것이다. 누가 먼저랄 것도 없이. 은은한 교감이 이루어지는 순간이다. 본다는 것은 서로에게 관심을 가지고 있다는 증좌다. 또한 그것은 어떤 동일성으로 말미암은 것이기도 하다. 화자는 "네가 있어 고운 그림/정물화로 얼비치고//해물지심 없는 내 속/네가 알아차린 건지"라고 교감에 대한 진단을 내리며 "그 자리/꼼짝 않고선/묘한 자태"의 "서로"를 유정하게 보고 있는 것이다. 자아와 세계의 일치, 일체화의 순간이다. 인간과 자연의 행복한 합일이기도 하다.
　「대화방식」은 자신과 나누는 이야기다. 자기애라고 말하기보다 자존감을 높이는 방식이라는 생각이 든다. 그래서 "몸이 말을 걸 땐 슬며시 혹은 크게/저릿저릿 따끔따끔 쥐어짜듯 화들짝"하면서 "그 말에/마음 기울이며/집중하려 애"쓴다고 고백하고 있다. 마땅히 그러해야 할

것이다. 이어서 "뭘 해줄까 원하는 걸 곰곰이 물어보면/들릴 듯 말 듯 때로는 알듯 모를 듯"이 은근슬쩍 말을 건넨다. "뭐든지/하고픈 대로/해가면서 느껴"라고 하는 속삭임을 들으며 웃음 짓는다. 이렇듯 자신과의 은밀한 대화는 삶의 품격을 높인다. 인생살이를 윤택하게 한다.

   빈손 주먹 알몸으로 엄마 품에 안겼다가/부모사랑 동아줄 힘껏 타고 올랐지//국가에,/사회에 보탬/꿈도 컸던 젊은 날//가슴 아픈 실패도 나를 띄운 기쁨도/나 하나 안고 뒹군 이기적 클라이맥스//내 엮은/자서전 한 권/읽을 사람 오직 나뿐
  —「자서전」 전문

   1
   한 무리 사자들이/사슴 뒤를 잡아채어//한바탕 큰 먹자판/뒤끝은 산들바람//그 곁에/아무 일 없는 듯/사슴들 풀을 뜯고

   2
   누구의 희생 위에/행복탑 세우는 일//이건 정말 아니야/절래절래 흔들어 봐도//촘촘히/얽힌 그물질서/선도 악도 아닌 무심
  —「하늘은 말이 없고」 전문

「자서전」에서 화자는 자신의 인생을 돌아본다. "빈손 주먹 알몸으로 엄마 품에 안겼다가/부모사랑 동아줄 힘껏 타고 올"라 "국가에,/사회에 보탬"이라는 포부도 "꿈도 컸던 젊은 날"을 회상한다. 누구나 젊을 적에는 그러한 뜻을 품게 마련이다. 다 이루지는 못했겠지만 얼마만큼은 성취했을 것이다. 그래서 화자는 "가슴 아픈 실패도 나를 띄운 기쁨도/나 하나 안고 뒹군 이기적 클라이맥스"라는 자성을 하면서 "내 엮은/자서전 한 권/읽을 사람 오직 나뿐"이라고 겸손해 한다. 그러나 한 사람의 소중한 독자인 내가 자서전을 읽으면서 감동을 느낀다면 만인의 독자도 그러할 것이다. 그런 까닭에 자존감을 가져도 좋을 일이다.

　「하늘은 말이 없고」는 다른 장면이 연출된다. "한 무리 사자들이/사슴 뒤를 잡아채어//한바탕 큰 먹자판"이 벌어졌는데 "뒤끝은 산들바람"이라는 구절이 이어져서 아연 놀라게 된다. 화자의 눈매가 매섭다. 얼마 전까지 아비규환의 난장판이었는데, "산들바람"이 찾아온 것이다. 정말 아무 일 없다는 듯이 그렇게. 그 곁에 "사슴들 풀을 뜯고" 있는 모습이 잘 대비되고 있다. 그래서 화자는 "누구의 희생 위에/행복탑 세우는 일//이건 정말 아니야/절래절래 흔들어" 보기도 하지만 이내 체념한다. "촘촘히/얽힌 그물질서"를 바라보면서 "선도 악도 아닌 무심"이라는 정서가 거기 머물고 있는 것을 발견한다. 자연은 때로 이렇듯 냉엄하고 무정한 것이다. 더구나 "하늘은 말이 없"지 않는가? 그 말없음 앞에서 인간은 곤혹감을 떨치지 못할 때가 잦다.

    북두암 노스님이/별을 보고 하신 말씀//밤마다 쏟아져도/남은 별이 있다더냐//한 부삽/담아내다가/차 끓일 때 쓰겠노라!
    —「화로 속의 별」 전문

「화로 속의 별」은 재치가 넘친다. "북두암 노스님이/별을 보고 하신 말씀"이 눈길을 끈다. "밤마다 쏟아"졌으니 더는 "남은 별"이 없어야 마땅할 일일 텐데 "있다더냐"에서 보듯 있을 것이라고 보고 이제 "한 부삽/담아내다가/차 끓일 때 쓰겠노라!"라고 외친다. 선시다. 반짝이는 별빛의 화기로 차를 끓이겠다는 말의 의미를 곱씹어 볼 일이다. 차 중에 가장 맛이 좋은 차가 마련될 것이다.

    도랑물로 날을 씻은
    쟁기 장화 메고 신고

    엉겅퀴 저문 들녘
    산 그림자 내린 외길

더운 김 훅훅 뿜으며
걸음 맞춘 농부와 소
—「소묘집」 중에서

            *

예, 잘 잤어요
그냥 편안했어요
살포시 안아보고
토닥이며 안도한 듯

눈뜨면 안부를 묻는 봄날은 하냥 간다

            *

안녕, 괜찮은가요? 짧은 물음 깊은 눈길

조그만 기미라도
놓치지 않으려는 듯

간밤의 긴 시간 변화
새벽부터 살핀다
—「소묘집」 중에서

 연작시편인 「소묘집」은 참으로 정겨운 정경이다. "도랑물로 날을 씻은/쟁기 장화 메고 신고//엉겅퀴 저문 들녘/산 그림자 내린 외길"을 걷는다. 이러한 토속적인 정서는 향수를 한없이 자극한다. 흙과 더불어 사는 삶을 누구나 희구한다. 그렇지만 현실적으로 그 일은 어렵다. 저문 들녘에서 흔들리는 한 포기 엉겅퀴가 아무래도 사람 같다는 생각이 든다. 그 길을 걷는 등장인물이 나온다. "더운 김 훅훅 뿜으며/걸음 맞춘 농부와 소"다. 생생한 삶의 현장이다. 땀내가 후끈하게 날 듯하다. 사람 사는 느낌이 물씬 든다. 어떻게 사는 것이 참다운 삶인지 일깨워주고 있다.

또한 「소묘집」 속의 살가운 정이 흐른다. 시조 가운데 "안녕, 괜찮은가요?"라고 짧은 물음 끝에 "깊은 눈길"을 보낸다. 신뢰와 사랑의 정서다. 그것은 "조그만 기미라도/놓치지 않으려는" 결 고운 마음이다. 이렇듯 "간밤의 긴 시간 변화/새벽부터 살"피고 있는 것이다. "예, 잘 잤어요/그냥 편안했어요"라는 대답을 듣자 "살포시 안아보고/토닥이며 안도"하면서 "눈뜨면 안부를 묻는 봄날"은 하루하루 가고 있다. 소소한 일상의 평온과 가족 간의 애틋한 사랑을 엿본다. 이보다 더 행복할 수는 없는 일이다.

올빼미 앉아 졸던 허연 외등 꼭대기쯤/사과꽃 발그스레 지천으로 구슬 맺고/물 대는 발동기 소리 피어나던 들찔레//삭정이 불 지피고 애동 낭개 중참 국시//밭고랑

드높은 문향이다. 미학적 왈츠다. 소우주이자 든든한 성채다.

　그가 시조를 선택한 것이 아니고, 시조가 그를 사로잡은 것이다. 문학에 사로잡힌 영혼은 그 얼마나 아름다운가! "웅숭깊은 존재론적 사유의 세계"가 빚은 시조미학은 그만의 것이기도 하지만 한 권의 책으로 묶이는 순간 만인의 것이 된다. 이 얼마나 기쁘고도 행복한 일인가? 흔히 "성공한 인생"을 말하는데 김영희 시인은 "시조로 말미암아 성공한 인생"이다. 선택은 탁월했고, 그 소중한 결집체인 『모서리도 별이 되네』는 오래도록 길이 빛날 것이다. 그러므로 세상의 모든 사람들은 환호작약하며 그에게 뜨거운 박수갈채를 보낼 일이다.

　김영희 시인, 그가 앞으로 펼칠 시업의 길이 더욱 아름답게 빛나기를 간절히 소망한다.

머물 녘인가
　　갈 곳 아는 저 구름
　　―「나아가는 길」 전문

「나아가는 길」은 자화상이다. "맴돌며 나아가는/소용돌이 엄청난 힘"으로 말미암아 "떠밀리고 휘감겨서/헤어나기 어려워도//물살에/몸을 맡기고/뗏목 타는 단풍잎"이라고 자아를 은유한다. 물살에 몸을 맡길 줄 안다. 한 장의 가녀린 단풍잎이지만 유유히 뗏목을 타는 능력을 보인다. 눈여겨볼 여유다. 그러면서 "태풍의 눈동자 속은/무풍이고 쾌청"인 것을 상기하고 "두려움도 잠시 놓고/머리 들어 하늘"을 본다. 어디에 머물지를 아는, 갈 곳을 아는 구름을 살핀다. 구름은 곧 자아다. 향방을 안다. 즉 나아가는 길을 이미 인지하고 있는 것이다.

3.
　김영희 시인의 첫 시조집 『모서리도 별이 되네』의 상재를 경하하면서, 지속적인 건필을 기원한다. 그가 시조를 시작한 시기는 늦다. 하지만 그 어떤 이들보다 열정적으로 시조를 쓰고 있고, 길지 않은 기간 동안 알찬 실과를 거두어 들였다. 남모르게 흘린 땀이 거둔 결실이다. 하나같이 알곡이다. 자신만의 목소리다. 고운 숨결이다.

끝 돼지우리 벌건 코도 벌룸벌룸/엄마 닭 병아리 불러 탱자 담장 들락날락
　—「오월의 과수원」 전문

　사랑해요 고객님, 하는 인사 참 시시하다/사랑이란 이 어휘 아름답고 뭉클해도/툭 하면 실없는 쓰임 불쾌하고 시답쟎다//아련하고 그립고 따스하고 포근해서/들을수록 기분 좋고 주고 싶고 받고 싶지만/이 단어 맥 빠진 남용 오래 아껴 두고 싶다
　—「사랑한다는 말」 전문

「오월의 과수원」도 정겹다. "올빼미 앉아 졸던 허연 외등 꼭대기쯤/사과꽃 발그스레 지천으로 구슬 맺고/물 대는 발동기 소리 피어나던 들찔레"라는 장면묘사가 이미 모든 것을 말하고 있다. "삭정이 불 지피고 애동 낭개 중참 국시/밭고랑 끝 돼지우리 벌건 코도 벌룸벌룸"이라는 대목과 "엄마 닭 병아리 불러 탱자 담장 들락날락"이라는 동심이 짙게 밴 표현이 눈길을 사로잡는다. 진한 향수를 불러일으킨다. 오월 과수원의 생동감 있는 풍경이 이채롭다.

「사랑한다는 말」이 주는 메시지에 주목할 일이다. "사랑해요 고객님, 하는 인사 참 시시하다/사랑이란 이 어휘 아름답고 뭉클해도/툭 하면 실없는 쓰임 불쾌하고 시

답잖다"라는 첫수에서 보듯 실없는 쓰임으로 말미암아 진정한 의미가 반감되는 것에 대해 아쉬움을 표한다. 사랑한다는 말은 "아련하고 그립고 따스하고 포근해서/들을수록 기분 좋고 주고 싶고 받고 싶"은 말이다. 그렇지만 "이 단어 맥 빠진 남용"이 싫어서 "오래 아껴 두고 싶"은 것이다.

맴돌며 나아가는
소용돌이 엄청난 힘

떠밀리고 휘감겨서
헤어나기 어려워도

물살에
몸을 맡기고
뗏목 타는 단풍잎

태풍의 눈동자 속은
무풍이고 쾌청이래

두려움도 잠시 놓고
머리 들어 하늘 보면

어디메

만인시인선 80
모서리도 별이 되네

초판 인쇄 2023년 7월 20일
초판 발행 2023년 7월 25일

지은이 / 김 영 희
펴낸이 / 박 진 환

펴낸 곳 / 만인사
출판등록 / 1996년 4월 20일 제03-01-306호
주소 / 41960 대구광역시 중구 명륜로 116
전화 / (053)422-0550
팩스 / (053)426-9543
전자우편 / maninsa@hanmail.net
홈페이지 / www.maninsa.co.kr

ⓒ 김영희, 2023

ISBN 978-89-6349-180-6 03810

값 12,000원

* 이 책의 내용의 전부나 일부를 사용하려면 반드시 저작권자나 만인사 양측의
  동의를 받아야 합니다.

만/인/시/인/선

1. **이하석** 시집 | 高靈을 그리다
2. **박주일** 시집 | 물빛, 그 영원
3. **이동순** 시집 | 기차는 달린다
4. **박진형** 시집 | 풀밭의 담론
5. **이정환** 시집 | 원에 관하여
6. **김선굉** 시집 | 철학하는 엘리베이터
7. **박기섭** 시집 | 하늘에 밑줄이나 긋고
8. **오늘의 시 동인** | 「오늘의 시」 자선집
9. **권국명** 시집 | 으능나무 금빛 몸
10. **문무학** 시집 | 풀을 읽다
11. **황명자** 시집 | 귀단지
12. **조두섭** 시집 | 망치로 고요를 펴다
13. **윤희수** 시집 | 풍경의 틈
14. **장하빈** 시집 | 비, 혹은 얼룩말
15. **이종문** 시집 | 봄날도 환한 봄날
16. **박상옥** 시집 | 허전한 인사
17. **박진형** 시집 | 너를 숨쉰다
18. **정유정** 시집 | 보석을 사면 캄캄해진다
19. **송진환** 시집 | 조롱당하다
20. **권국명** 시집 | 조복 교신
21. **김기연** 시집 | 소리에 젖다
22. **송광순** 시집 | 나는 목수다
23. **김세진** 시집 | 점자블록
24. **박상봉** 시집 | 카페 물땡땡
25. **조행자** 시집 | 지금은 3시
26. **박기섭** 시집 | 엮음 愁心歌
27. **제이슨** 시집 | 테이블 전쟁
28. **김현옥** 시집 | 언더그라운드
29. **노태맹** 시집 | 푸른 염소를 부르다
30. **이하석 외** | 오리 시집
31. **이정환** 시집 | 분홍 물갈퀴
32. **김선굉** 시집 | 나는 오리 할아버지
33. **이경임** 시집 | 프리지아 칸타타
34. **권세홍** 시집 | 능소화 붉은 집
35. **이숙경** 시집 | 파두
36. **이익주** 시집 | 달빛 환상
37. **김현옥** 시집 | 니르바나 카페
38. **도광의** 시집 | 하양의 강물
39. **박진형** 시집 | 풀등
40. **박정남 외** | 대구여성시 20인선집